Karin Lerch-Hirsig | Beat Schüpbach

DAS URTIERCHEN, DER PRINZ UND DIE PELZTASSE

Meret Oppenheim für Kinder

Ott Verlag

www.hep-verlag.ch
der bildungsverlag

Bildung
Medien
Kommunikation

Ott Verlag

Karin Lerch-Hirsig
Beat Schüpbach
Das Urtierchen, Der Prinz und die Pelztasse
Meret Oppenheim für Kinder
ISBN 3-7225-0054-0

Projektleitung/Lektorat: Annlis von Steiger, Bern
Gestaltung, Umschlag: Judith Zaugg, Bern

Bibliografische Information Der Deutschen Bibliothek.
Die Deutsche Bibliothek verzeichnet diese Publikation
in der Deutschen Nationalbibliografie; detaillierte
bibliografische Angaben sind im Internet unter
http://dnb.ddb.de abrufbar.

1. Auflage 2006
Alle Rechte vorbehalten © 2006 h.e.p. verlag ag
© 2006 ProLitteris, Zurich

Das Buch erscheint anlässlich der Meret Oppenheim-Retrospektive
im Kunstmuseum Bern (2.6.-8.10.2006).

h.e.p. verlag ag
Ott Verlag
Bildung.Medien.Kommunikation
Brunngasse 36
CH-3011 Bern

www.hep-verlag.ch

Einführung

Im Jahr 1962 hat die Künstlerin Meret Oppenheim acht Figuren in Ton geformt und der Arbeit den Titel «Sechs Urtierchen und ein Meerschneckenhaus» gegeben. Im Lauf der Zeit ist eines der Urtierchen verloren gegangen. Vor kurzem ist es wieder aufgetaucht, einsam und traurig über den Verlust seiner Freunde.
Du findest das Urtierchen auf dem beigefügten Faltblatt. Schneide es heraus und betrachte mit ihm zusammen das Buch.
Du kannst zudem seine Gedanken zu den einzelnen Werken lesen und lernst so das vielfältige Werk der Künstlerin kennen. Indem du das Urtierchen nach deinem Gutdünken auf die Abbildungen legst, kannst du herausfinden, ob und wie es zu den Werken passt. Am Schluss des Buches findest du schliesslich seine Freunde.

Meret Oppenheim hat schon als Kind gerne gemalt. Mit 16 Jahren hat sie die Form eines Hasen in ein Schulheft gezeichnet. Auch von der sitzenden Figur sieht man vor allem den Umriss.

> Wer ist denn das?
> Ein Mann oder eine Frau?
> Hallo, siehst du mich? Hörst du mich?
> Hast du meine Freunde gesehen?

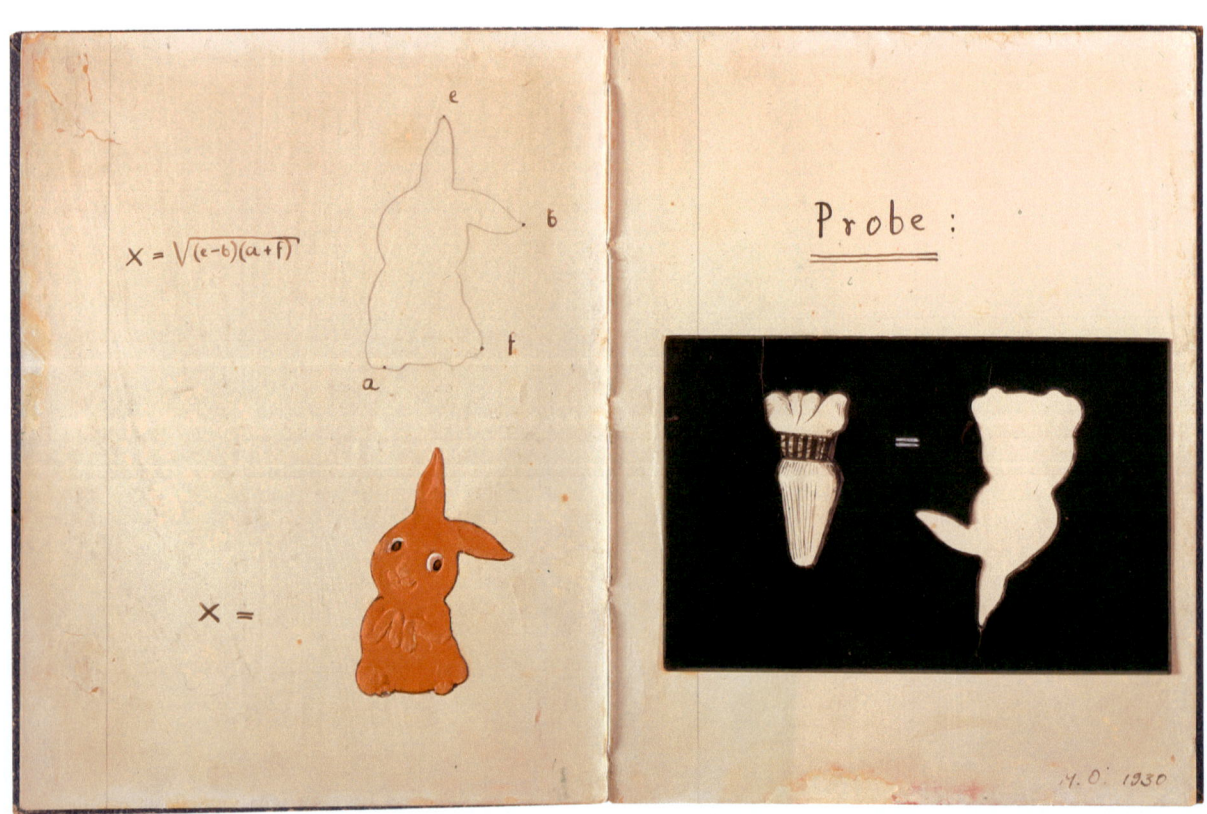

Das Schulheft, 1930

Sitzende Figur mit verschränkten Armen, 1933

Meret Oppenheim hat sich selbst mehrmals dargestellt. Sie hat aber auch Frauen gemalt, die eher in alten Geschichten als in der Wirklichkeit vorkommen, zum Beispiel die Waldfrau und die Steinfrau.

> Guten Tag, liegst du schon lange da?
> Schläfst du? Wie heisst du?
> Ich würde dich gerne aufwecken,
> berühren und an der Hand nehmen.

Die Waldfrau, 1939

Steinfrau, 1938

Hartes und Weiches, Buntes und Einfarbiges, Gegenständliches und Ungegenständliches sind häufige Kontraste in den Bildern von Meret Oppenheim. Die Künstlerin hat auch verschiedene Schmuckstücke entworfen. Die Idee zur Halskette unten ist ihr durch das Bild rechts gekommen.

Halskette «Husch-husch», 1985

> Hilfe, diese Dinge, die wie Gefässe oder Buchstaben aussehen, rutschen zum Bild hinaus! Wenn sie wenigstens auf der weichen Wattewolke landen könnten!

Husch-husch, der schönste Vokal entleert sich, 1934

Meret Oppenheim liebte Wolken. Wolken verändern ständig ihre Form. Manchmal kann man Figuren darin sehen, manchmal wirken sie bedrohlich. Die Wolken ihrer beiden Kunstwerke sind spitzig und sehen aus wie Blumen oder Werkzeug.

> Auf diese eigenartigen Bäume würde ich gerne klettern oder mich dahinter verstecken. Wenn nur die eckigen Wolken nicht so unheimlich wären! Wie sehen wohl die Tropfen aus, wenn es daraus regnet?

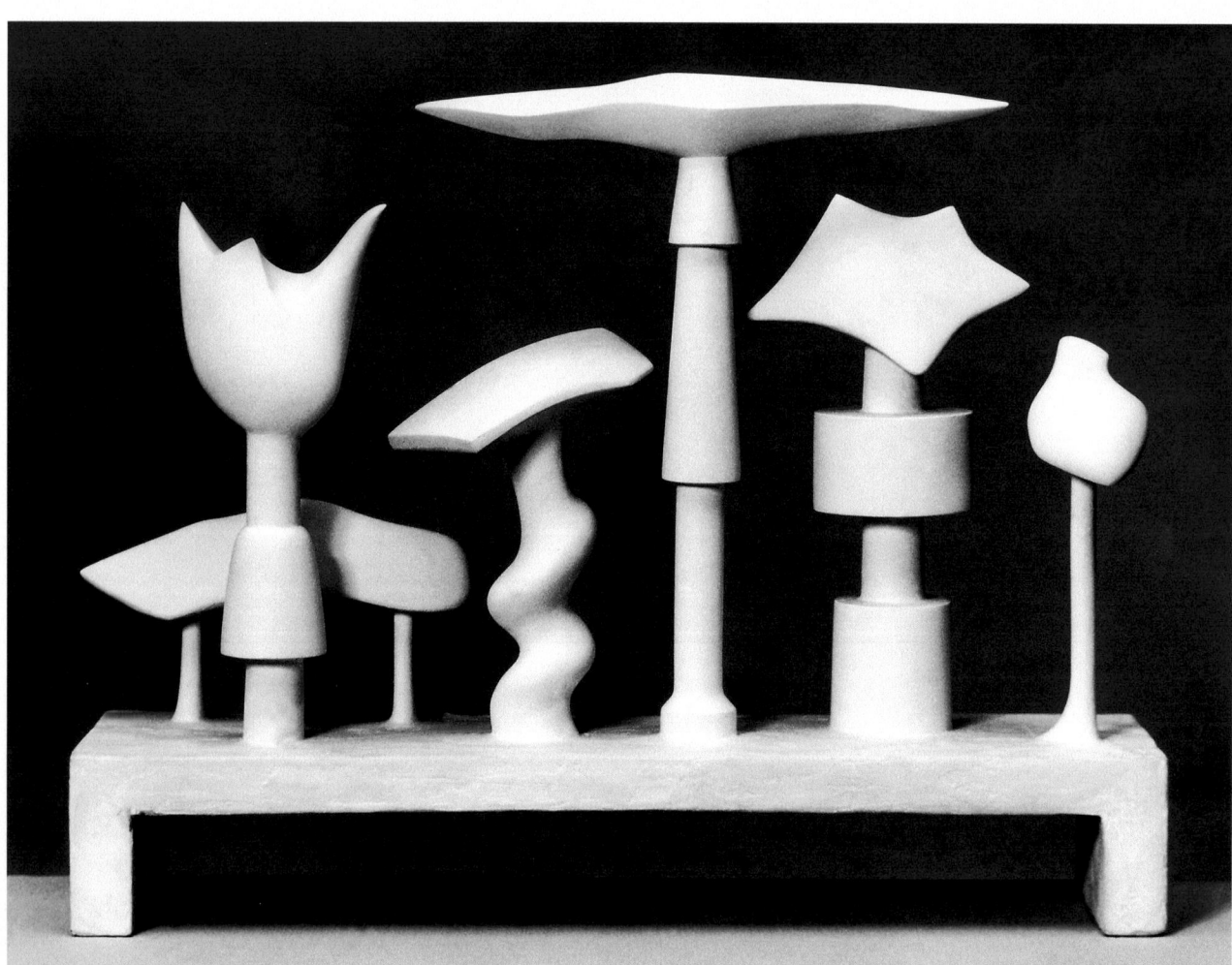

Sechs Wolken auf einer Brücke, 1963/1975

Unter der Regenwolke, 1964

**Manche Bilder von Meret Oppenheim wirken wie ein Blick
durch ein Fernrohr oder ein Mikroskop.
Das Tierchen im Bild «Verzauberung» ist ein Stück Holz,
sein Pelz ist gemalt.**

> Es ist dunkel, alles sieht ein bisschen anders aus. Sind das Luftblasen, Monde oder Planeten? Träume ich oder sehe ich da noch ein Pelztierchen? Flieg nicht weg – ich komme mit!

Komet I, 1968

Verzauberung, 1962

Mit der Technik der Collage kann man Dinge, die nicht zusammengehören, auf überraschende Weise verbinden. Dadurch entsteht eine neue Wirklichkeit. Meret Oppenheim hat oft auf diese Weise gearbeitet. Auch einige ihrer Bilder sehen aus wie gemalte Collagen.

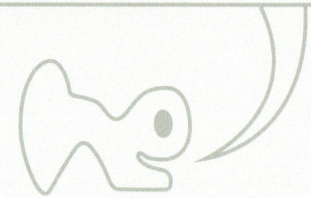

Prinzen habe ich mir anders vorgestellt. Bist du wirklich ein Prinz? Du siehst fröhlich aus, kamst sicher per Esel angeritten. Lädst du mich in dein Reich ein?

Der Esel von Timbuktu, 1979

Der junge Prinz, 1968

Aus alltäglichen Gegenständen wie Schuhen, Stühlen, Tischen oder Geschirr hat Meret Oppenheim seltsame und oft witzige Kunstwerke gestaltet. Manche lassen sich noch gebrauchen, andere – zum Beispiel ihr berühmtestes Werk, die Pelztasse – nicht.

Tisch mit Vogelfüssen, 1939

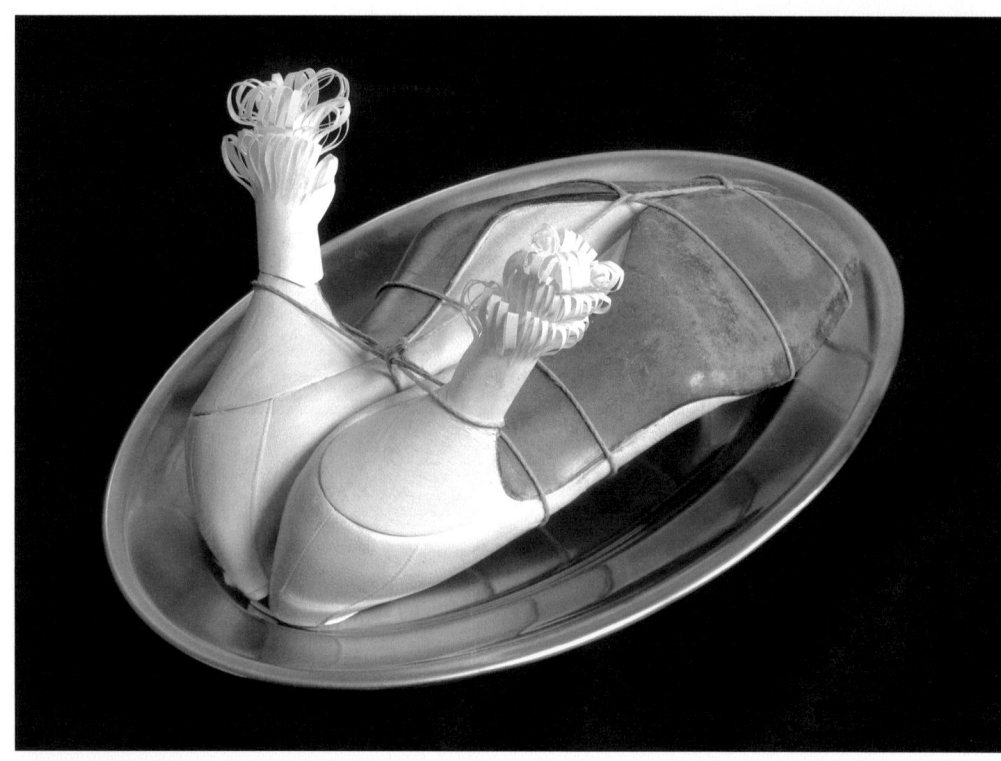

Ma gouvernante - my nurse - mein Kindermädchen, 1936

> An diesen Tisch würde ich mich gerne setzen, aber aus der Tasse trinken möchte ich lieber nicht.

Das Frühstück in Pelz, 1936

Meret Oppenheim liebte die Verwandlung. Sie hat Materialien wie Holz oder Gips so bemalt, dass sie wie Pelz oder Stein aussehen, sie hat Gegenständen ein anderes Kleid verpasst und sie hat auch sich selber gerne verkleidet. Mit ihren selbst hergestellten Kostümen und Masken ist sie an der Basler Fasnacht, an Bällen und an privaten Festen aufgetreten.

> Ich verwandle mich gern. Mein Körper ist beweglich. Ich kann lang und dünn werden oder mich ganz klein zusammenrollen. Mit Masken darf ich frech sein, durch Schlitzaugen gucken oder mir ein Wattegesicht aufsetzen.

Schmucknarben-Maske

Maske Weisse Watte

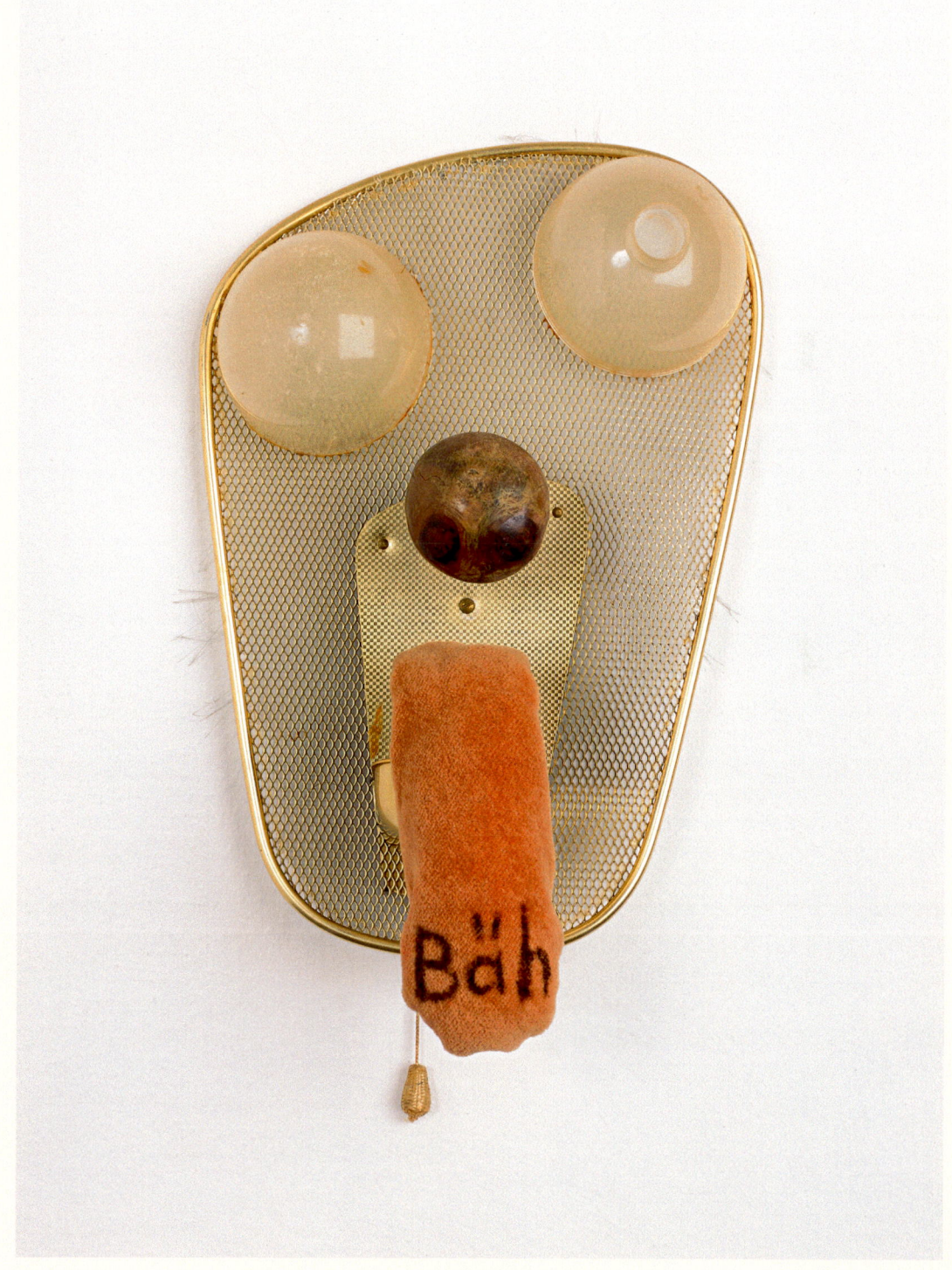

Maske mit «Bäh»-Zunge

Meret Oppenheim hat verschiedene Brunnen entworfen, die zum Teil auch gebaut wurden. Die Brunnensäule mit der bepflanzten Wasserrinne steht mitten in der Stadt Bern, der Brunnen mit den beiden Schlangen im Garten ihres Familienwohnsitzes in Carona im Tessin.

> Dieser Brunnen gefällt mir. Da hat es eine Wasserrinne zum Trinken und Hinunterrutschen und Pflanzen und Gräser zum Fressen und sich Verstecken. Im Winter sieht er aus wie ein Eispalast.

Kerykeion (Entwurf für Hermesbrunnen), 1966

Oppenheim-Brunnen, 1983

Oppenheim-Brunnen, 1983

Diese Lebewesen kommen mir irgendwie bekannt vor.
Das sind ja meine fünf Freunde!
Hallo, ihr lustigen Tierchen, endlich habe ich euch gefunden!

Sechs Urtierchen und ein Meerschneckenhaus, 1978

Meret Oppenheim hat auch Gedichte geschrieben.
Sie sind rätselhaft und geheimnisvoll wie ihre Bilder.

Sommer

Der Löwe stützt seine Nase auf den Tischrand

Zu seiner Rechten und zu seiner Linken

Schweben zwei Nymphen

Die ihm mit weissen Federn die Wangen kitzeln

In seine Augen sind Käfige eingebaut

In den Käfigen lachen die Hexen

Mit ihren Fasanenaugen

Mit ihren Pfauenwimpern

Mit ihren weissen Haaren

Mit ihren steinernen Brüsten

Der Löwe lacht

Und sein goldenes Gebiss leuchtet

Von Sonnenaufgang bis Sonnenuntergang.

Dort oben in jenem Garten

Dort stehen meine Schatten

Dir mir den Rücken kühlen.

Sie stehen in dem Garten

Sie streiten um ein altes Brot

Und krähen wie die Hähne.

Heut will ich sie besuchen

Heut will ich sie begrüssen

Und ihre Nasen zählen.

Herbst

Der Vogel platzt geräuschlos und aus seinem Bauch steigt

Ein Springbrunnen braungoldener Federn

Die Pilze lösen sich vom Boden und schweben

Von der warmen Luft getragen

Bis an die Wolken

In den Wolken lachen die Hexen

Mit ihren Fasanenaugen

Mit ihren Pfauenwimpern

Mit ihren weissen Haaren

Mit ihren steinernen Brüsten.

Für dich – wider dich
Wirf alle Steine hinter dich
Und lass die Wände los.

An dich – auf dich
Für hundert Sänger über sich
Die Hufe reissen los.

ICH weide meine Pilze aus
ICH bin der erste Gast im Haus
Und lass die Wände los.

Am Anfang ist das Ende
der Vulkan überhäuft uns mit Geschenken
wie traurig waren wir
der Himmel tropft auf die Teller
das Gras sinkt herab mit Tau bedeckt
Halleluja Schabernack und kein Ende
die Schelmen blasen die Schelmei
zaghaft liegen die Wasserrosen und schlagen
die Augen auf und zu
die Reusen sind leer
der schwarze Sack ist voll
was dem Apfel die Kerne sind der Erde die Ameisen
kein Geräusch ist hörbar nur die Mondsichel steht am Himmel
das Feuerwerk knallt und die Nacht ist paillettenübersät.

Osten Winden Osten
Die Ebene will rosten
Verlegen und Vergissmeinnicht
In vielen Wagen hängt man nicht
Trotz weiss und weiss an wenig
Trotz rotem Stein am Lebenslicht
Anstelle Sieb und König
Nur wer die Rädermuse liebt
Hat Weiss und Sieb und König.

Das Leben von Meret Oppenheim

Meret Oppenheim kam am 6. Oktober 1913 als erstes Kind einer Schweizerin und eines deutschen Arztes in Berlin-Charlottenburg zur Welt. Sie verbrachte ihre Jugend im Berner Jura, in Süddeutschland und in Basel. Mit 18 Jahren beschloss sie, Künstlerin zu werden. Sie verliess das Gymnasium und fuhr mit einer Freundin nach Paris. Dort besuchte sie Kurse an einer Kunstakademie, lernte berühmte Künstler wie Pablo Picasso, Alberto Giacometti oder Max Ernst kennen und nahm an den Ausstellungen der Surrealisten teil.

1937 kehrte sie nach Basel zurück. Es begann eine schwierige Zeit: Vieles, was sie schuf, zerstörte sie sofort wieder.

Während zwei Jahren besuchte Meret Oppenheim die Kunstgewerbeschule.

Mit Entwürfen für Modeschmuck und dem Restaurieren von Bildern versuchte sie, Geld zu verdienen.

1953 heiratete sie den Kaufmann Wolfgang La Roche. Ein Jahr später bezog sie ein Atelier in Bern, hielt sich aber auch oft im Tessin und in Paris auf. Sie arbeitete wieder regelmässig.

Ab den 1960er Jahren erfuhr ihre Kunst immer grössere Anerkennung. Die Ausstellungstätigkeit nahm entsprechend zu.

Am 15. November 1985 starb Meret Oppenheim. Sie war damals 72-jährig. Mit 36 Jahren hatte sie geträumt, dass die Sanduhr ihres Lebens zur Hälfte abgelaufen sei.

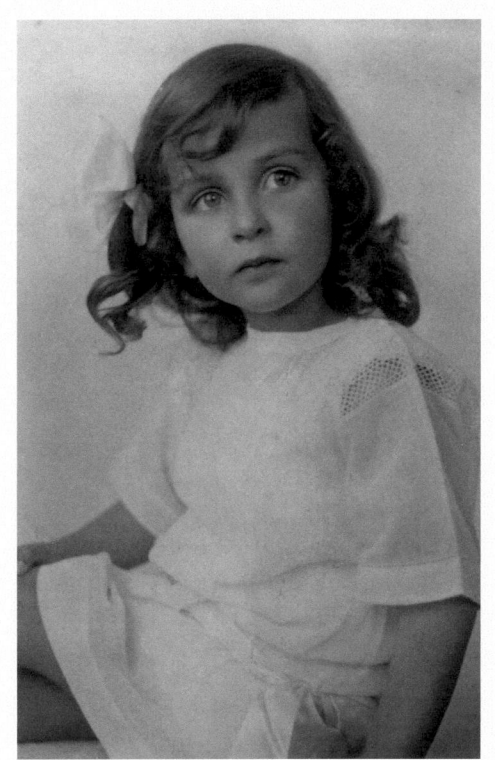
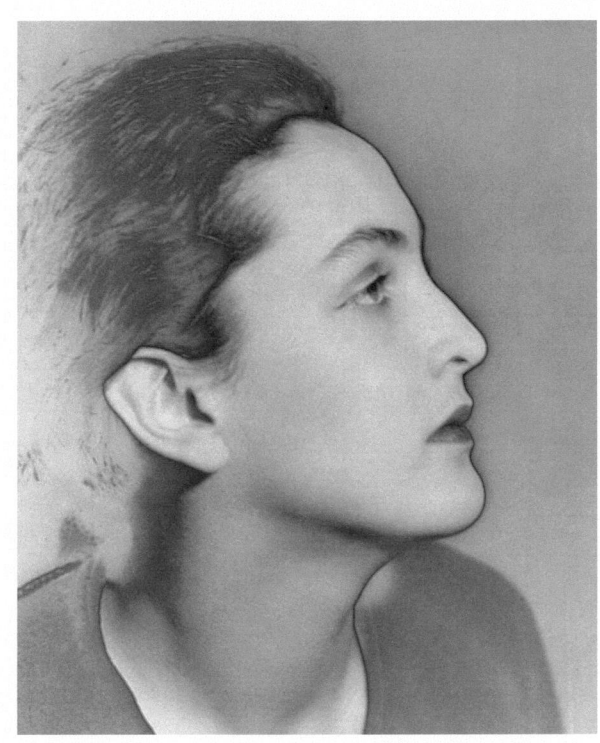
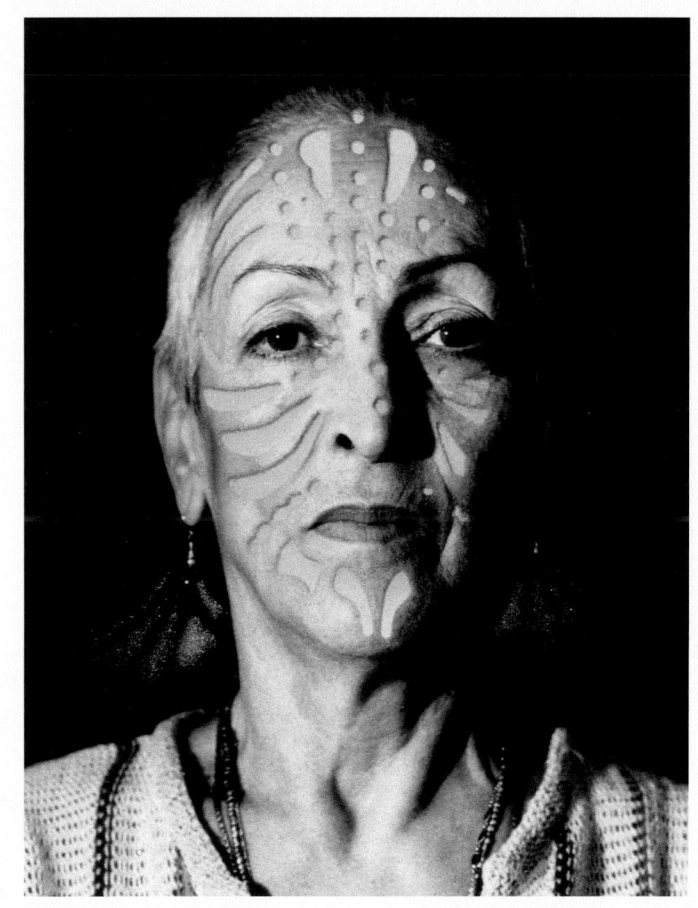

Angaben zu den abgebildeten Werken

- Das Schulheft, 1930; Tinte, Collage, 20,5 x 33,5 cm, Privatbesitz.
- Sitzende Figur mit verschränkten Armen, 1933; Öl auf Karton, 32,5 x 26 cm, Kunstmuseum Bern. (Foto: P. Lauri, Bern)
- Die Waldfrau, 1939; Öl auf Pavatex, 28 x 37,5 cm, Privatbesitz.
- Steinfrau, 1938; Öl auf Karton, 59 x 49 cm, Privatbesitz. (Foto: P. Lauri, Bern)
- Halskette «Husch-husch», 1985; Kette, Gold mit Anhängern (gefasste Steine: Jade, Lapislazuli, Achat) und ein Anhänger aus Gold, Stab 16 cm, Anhänger max. Länge 4 cm, Privatbesitz. (Foto: P. Lauri, Bern)
- Husch-husch, der schönste Vokal entleert sich, 1934; Öl auf Leinwand, 45,5 x 65 cm, Privatbesitz. (Foto: P. Lauri, Bern)
- Sechs Wolken auf einer Brücke, 1963; Plastisches Material über Holzkern, 47 x 61 x 16 cm, Privatbesitz. (Foto: D. Widmer, Basel)
- Unter der Regenwolke, 1964; Öl, Gouache, Rugosit und Pavatex auf Holz, 101 x 73 cm, Kunstmuseum Bern. (Foto: P. Lauri, Bern)
- Komet I, 1968; Lithografie auf Büttenpapier, 51 x 40 cm, Kunstmuseum Bern. (Foto: P. Lauri, Bern)
- Verzauberung, 1962; Öl auf Karton auf Holz geklebt und Öl auf Holz auf Holz geschraubt, 69 x 77 x 8 cm, Kunstmuseum Bern. (Foto: P. Lauri, Bern)
- Der Esel von Timbuktu, 1979; Collage, 45 x 30 cm, Kunstmuseum Bern. (Foto: P. Lauri, Bern)
- Der junge Prinz, 1968; Collage, 52 x 38 cm, Kunstmuseum Bern. (Foto: P. Lauri, Bern)
- Ma gouvernante - my nurse - mein Kindermädchen, 1936; Objekt: weisse Damenschuhe mit Papiermanschette auf ovaler Metallplatte, 20 x 30 x 15 cm, Moderna Museet, Stockholm.
- Tisch mit Vogelfüssen, 1939/82; Multiple, Platte: Holz, geschnitzt und vergoldet, Füsse: Bronze, 65 x 70 x 50 cm.
- Das Frühstück in Pelz, 1936; Porzellangeschirr und Löffel, mit Pelz überzogen: Tasse Durchmesser 11 cm, Teller Durchmesser 24 cm, Löffel 20 cm lang, Museum of Modern Art, New York. (Foto: Florence Scala)
- Maske Weisse Watte; Watte, Maske, Nase mit Draht und Stoff, Pailletten, 17 x 24 x 18 cm, Privatbesitz. (Foto: S. Beretta, Verscio)
- Schmucknarben-Maske; Fell, Gouache, 15 x 30 x 20 cm, Privatbesitz. (Foto: S. Beretta, Verscio)
- Maske mit «Bäh»-Zunge; Drahtgitter, Plastikhalbkugeln, Samtzunge mit Aufschrift, 9 x 30 x 20 cm, Privatbesitz. (Foto: S. Beretta, Verscio)
- Kerykeion (Entwurf für Hermesbrunnen), 1966; Pastell auf farbigem Papier, 71 x 51 cm, Privatbesitz. (Foto: P. Lauri, Bern)
- Oppenheim-Brunnen, 1983; Wasser, Pflanzen, Beton, sporadische Beleuchtung, Höhe: 8 m, Durchmesser: 1,40 m, Waisenhausplatz, Stadt Bern. (Foto: B. Schüpbach, Bern)
- Sechs Urtierchen und ein Meerschneckenhaus, 1978; Objekte, Terracotta bemalt, glasiert, Schneckenhaus 19 x 29,5 x 24 cm, Privatbesitz. (Foto: P. Lauri, Bern)

Porträts
- Meret Oppenheim als Kind im März 1916.
- Meret Oppenheim fotografiert von Man Ray, 1933, Paris.
- Fotoporträt mit Tätowierung, 1980; Schablone und Spray auf Foto, 29,5 x 21 cm, Kunstmuseum Bern.

Quellenangabe zu den Gedichten
- Meret Oppenheim, Husch, husch, der schönste Vokal entleert sich. Gedichte, hrsg. von Christiane Meyer-Thoss, Suhrkamp Verlag, Frankfurt a.M. 2002.

Die Autoren:

Karin Lerch-Hirsig,
geboren 1970, Primarlehrerin, Fachpatent Zeichnen, Unterrichtstätigkeit an der Unterstufe, seit 1995 Mitarbeiterin der Abteilung Kunstvermittlung/Museumspädagogik am Kunstmuseum Bern. Lebt in Worb, verheiratet und Mutter von drei Kindern.

Beat Schüpbach,
geboren 1957, seit 1991 Mitarbeiter der Abteilung Kunstvermittlung/Museumspädagogik am Kunstmuseum Bern, Lehrer am Berufsvorbereitenden Schuljahr Biel, Autor und Herausgeber verschiedener Publikationen im Bereich Kunstvermittlung. Lebt in Münchenbuchsee, verheiratet und Vater von zwei Töchtern.